AF596131

# ROLAND
# DE MONGLAVE,
## DRAME EN QUATRE ACTES, EN PROSE, A SPECTACLE.

*Représenté, pour la première fois, à Paris, sur le théâtre de l'Ambigu-Comique, le 9 pluviose an 7.*

Par J. M. LOAISEL THÉOGATE, auteur de la *Bisarrerie de la Fortune*, du *Château du Diable*, etc.

A PARIS,

Chez BARBA, Libraire, Palais du Tribunat, galerie derrière le théâtre Français de la République, n°. 51.

AN XI. (1803)

| *PERSONNAGES.* | ACTEURS. |
|---|---|
| ROLAND DE MONGLAVE. | *Bitmer.* |
| ISAURE, épouse de Monglave. | Mme *Deversy.* |
| MILON, duc de Souabe. | *Lebel.* |
| LIZIARD, favori de Milon. | *Révalard.* |
| DOLIN, écuyer de Monglave. | *Isidor.* |
| BOLGA, ancien écuyer de Liziard. | *Bougnol.* |
| FALKER, capit. des gardes de la citadelle. | *Duparey.* |
| DINAS, écuyer, confident de Liziard. | *Stocley.* |
| HUNAUT, soldat. | *Beville.* |
| OLIVIER, soldat. | *Blivet.* |
| Le CAPITAINE des gardes de Milon. | *Grenon.* |
| Deux BUCHERONS. | { *Stocley jeune.* *Drouen.* |
| Gardes. | |

*La scène est en Souabe, en Germanie. Costume de chevalerie de la fin du 15e siècle.*

## AVIS DU LIBRAIRE

### AUX DIRECTEURS DE SPECTACLES.

Ceux qui voudront faire jouer cet ouvrage, d'un auteur connu, en se conformant aux loix qui garantissent la propriété des auteurs, auront l'avantage de mettre, sans frais, une pièce qui offre un beau spectacle, un intérêt vif, soutenu, et qui a obtenu, à Paris, le succès le plus brillant.

Ceux qui voudront la monter avec la musique, pourront se procurer la partition au théâtre de l'Ambigu-Comique.

# ROLAND DE MONGLAVE.

## ACTE PREMIER.

*Le théâtre représente le palais du duc de Souabe, vu du côté des jardins.*

### SCENE PREMIERE.

ROLAND, ISAURE.

ROLAND.

Que je vous sais gré, ô ma chère Isaure ! d'avoir quitté votre retraite, pour vous rendre à mes vœux, et d'être venue serrer de nouveau les nœuds charmans de l'hymen et de l'amour.

ISAURE, *tendrement.*

Ah ! loin de lui, à toute heure, en tous lieux je ne voyais que mon époux ; (*souriant*) mais vous, Roland, dans mon absence, vous aviez bien des sujets de distraction. Tant de beautés font l'ornement de ce séjour !

ROLAND.

Je ne les ai point apperçues.

ISAURE.

Quoi ! au milieu d'une cour galante, et empressée de célébrer la valeur, le vainqueur des Saxons.

ROLAND.

N'eût pas joui de son triomphe, si mon Isaure n'était venue l'embellir par sa présence.

### SCENE II.

ROLAND, ISAURE, DOLIN.

DOLIN.

Seigneur, Milon se propose de prendre avec vous le plaisir de la chasse, on est venu de sa part pour vous en prévenir.

ROLAND.

Sera-t-il accompagné de Théobalde, son fils ?

DOLIN

Je l'ignore. Sorti à cheval dès l'aube du jour, Théobalde n'est point encore rentré dans le palais.

ROLAND.

Qu'as-tu, mon cher Dolin ? Depuis quelque tems, tu me parais d'un ennui, d'une tristesse.

DOLIN.

Oui, mon humeur est altérée.

ROLAND.

Eh ! quel motif ?

DOLIN.

C'est, je crois, notre séjour dans ce palais.

ROLAND.

Il te déplait !

DOLIN.

Je ne dis pas cela ; mais il me contrarie. Vous venez de prouver que vous êtes l'un des premiers guerriers de l'Univers. Milon vous a vu porter la terreur dans les rangs de ses ennemis, enlever des étendards, et renverser le chef des Saxons. Tout le monde nous bénit, on nous comble d'honneurs, et cependant je m'ennuie.

ROLAND.

Parmi tant de fêtes brillantes ?

DOLIN.

L'éclat ne fait pas le bonheur.

ROLAND.

Ah ! je suis loin de le penser !

DOLIN.

Quand nous habitions votre château de Norlingue, c'est là, mon cher maître, que nous étions réellement heureux. Nos danses, nos festins sur le bord des ruisseaux, le teint fleuri de nos jeunes bergères, leur gaîté naïve, ce mouvement, ce charme d'une vie libre, innocente et paisible : tout cela formait un tableau toujours présent à mon esprit, et bien différent du spectacle tristement magnifique qui, chaque jour, frappe ici mes regards.

ROLAND.

Console-toi, mon cher Dolin, avant peu, tu verras renaître ce tems fortuné. Reprends ta joyeuse humeur, et va faire préparer les équipages de chasse.

## SCENE III.

### ROLAND, ISAURE.

ROLAND.

Ce bon Dolin, il me rappelle des souvenirs bien doux.

ISAURE.

Comme lui je regrette nos plaisirs champêtres. Milon vous doit la gloire de ses armes. Il accumule les distinctions sur votre tête; Théobalde, son fils, vous honore d'une amitié particulière; mais la faveur des cours est prompte à s'évanouir.

ROLAND.

L'encens qui fume autour de moi, ne m'enivre point. Je vis à la cour, mais sans ambition; le motif qui me guide est la voix de mon devoir, et mon seul but en est l'accomplissement.

ISAURE.

J'applaudis à ces nobles sentimens; mais n'oubliez pas que vous habitez le séjour de l'intrigue, et que tous les chemins y sont tendus de pièges. O mon ami! méfiez-vous des courtisans. Elevé parmi eux, je n'ai que trop appris à les connaître; craignez ces hommes toujours parés d'un visage imposteur; craignez même Liziard.

ROLAND, *avec surprise.*

Liziard! à qui le duc a confié l'administration de ses Etats?

ISAURE.

Il a, je le sais, toute la confiance de son maître; sa faveur égale son autorité; mais il fut votre rival.

ROLAND.

Liziard me témoigne la plus haute estime.

ISAURE.

On le dit d'une dissimulation profonde. Théobalde est vertueux, il hait Liziard, et quoique jeune encore, il connaît les hommes.

ROLAND.

Mon cœur est exempt d'inquiétude. J'ai promis de servir mon pays; je remplis avec franchise cet engagement sacré. Quand il n'aura plus d'ennemis à combattre, je me retirerai de la cour du duc. C'est alors que, digne du titre glorieux d'époux d'Isaure, et que lui consacrant le reste de ma vie, je pourrai dire: Roland n'a plus de vœux à former. ( *il sortent.* )

## SCENE IV.

LIZIARD, DINAS.

LIZIARD, *à voix basse.*

Sommes-nous seuls ?

DINAS.

Personne ne s'offre à mes regards.

LIZIARD.

Mes desseins sont-ils accomplis ?

DINAS.

Oui, seigneur, Milon n'a plus de fils.

LIZIARD.

Je respire.

DINAS.

Hier, à la fin du jour, Théobalde reçut, d'une main inconnue, le cartel que vous m'aviez chargé de lui faire tenir. Le chevalier Rainfroi, d'après vos secrettes instructions, s'est rendu, ce matin, dans la forêt. Le brave Téhobalde n'a point hésité de s'y rendre à l'heure indiquée, et de combattre sans connaître son adversaire. Comme vous l'aviez prévu, le fils de Milon n'a pu résister long-tems à la force prodigieuse de Rainfroi, et après un combat terrible, le jeune prince a succombé.

LIZIARD.

T'es-tu bien assuré par toi-même de la vérité des faits ?

DINAS.

Votre ancien écuyer, qui réside dans vos terres depuis quelques années, Bolga, que j'ai mandé par votre ordre, m'a accompagné sur le lieu du combat.

LIZIARD.

Bolga est arrivé !

DINAS.

D'hier au soir. Bien déguisés, sous d'épaisses armures, et placés à quelque distance; aucune circonstance de ce combat n'a pu nous échapper.

LIZIARD.

Et les témoins !

DINAS.

Ils sont prêts. Et je défie Roland, avec toute sa prudence, de sortir du piège dans lequel vous le tenez enlacé.

LIZIARD, *avec une joie féroce.*

Ce trop heureux époux d'Isaure, va donc expier enfin tous les maux qu'il m'a fait souffrir ?

DINAS.

Je suis fâché qu'une trame si bien conduite, n'ait pas eu pour but la mort d'un autre que le fils de Milon.

LIZIARD.

Dissimulait-il sa haine et son mépris pour moi? Manquait-il une occasion d'humilier publiquement mon orgueil? Que dis-je? n'as-tu pas remarqué, cent fois, son affectation à combler d'honneurs, en ma présence, Roland de Monglave, ce rival abhorré, dont la faveur déjà balance la mienne? Non content de vanter ses hauts-faits, Théobalde ne se plaisait-il pas à exalter perpétuellement son génie et ses vertus? Mon père, disait-il au duc, Roland sera dans les conseils ce qu'il fut dans les armées; sa sagesse sera peut-être plus utile encore que sa valeur. Déjà, dans sa pensée, il lui destinait mes emplois et mes dignités. Milon est vieux, son fils allait régner; je voyais s'avancer le jour de ma disgrace. Ce coup important prévient ma chûte, raffermit ma puissance, et m'assure la perte d'un concurrent dangéreux.

DINAS.

Pourquoi avez-vous choisi Rainfroi pour ce coup hardi?

LIZIARD.

Parce que Rainfroi est l'ennemi secret de Roland; parce qu'il eut à se plaindre du jeune Théobalde, qui le jugeait peu digne de ses bontés; parce que son esprit ambitieux, et que sa force et son courage redoutables m'ont paru propres à l'exécution de mes desseins. Quand je lui ai fait part de mon plan, il lui a paru fort doux de perdre ses ennemis sans se compromettre, et d'écarter tous les obstacles à son élévation.

DINAS.

Ce moment est bien critique, seigneur. L'œil des courtisans est ouvert sur vous.

LIZIARD.

Ils tremblent devant moi.

DINAS.

Oui, mais loin de vous ils méditent votre ruine. Ce qui, dans votre esprit, n'est qu'une conjecture, devient conviction dans leur bouche.

LIZIARD.

Je connais leur pénétration quand il s'agit de nuire; mais ma perte fut elle certaine, il est doux de mourir le lendemain de la mort de son ennemi! Changeons de discours. Où donc est Bolga? Pourquoi ne l'ai-je pas vu depuis son arrivée?

DINAS.

Il va se rendre en ce lieu.

LIZIARD.

Dans ce moment, j'ai besoin de m'entourer d'hommes affidés. Je n'ai eu qu'à me louer de Bolga dans maintes circonstances difficiles.

DINAS.

Le voici.

## SCENE V.

### LIZIARD, DINAS, BOLGA.

LIZIARD.

Mon cher Bolga, c'est en récompense de tes bons services que depuis cinq ans je t'accorde une retraite dans mes terres. C'est d'après l'assurance de ta fidélité, que j'ai enjoint à Dinas de t'appeler auprès de moi, et de te confier les grands desseins qui m'occupent. Je t'ai employé utilement dans des conjonctures délicates, et je prévois que j'aurai occasion de t'employer encore... Rentrons au palais... Ah! quelque chose m'était échappé. (*parlant à Dinas.*) Et la lettre?

DINAS.

Elle est à cette heure dans les mains de Milon.

LIZIARD.

La prudence, sans doute.

DINAS.

J'ai pris pour la faire parvenir, toutes les mesures capables d'éloigner de vous jusqu'à l'ombre du soupçon.

LIZIARD.

Bon! tous les coups seront portés à la fois. Ce héros fameux, et sa grande renommée, vont tomber soudain, comme un colosse dont la chûte épouvante tous les regards. Milon vient, éloignez-vous, et songez qu'une grande fortune sera le prix de ceux qui m'auront servi avec le plus de zèle et de dévouement. (*Dinas et Bolga sortent.*)

## SCENE VI.

### MILON, LIZIARD, GARDES.

MILON, *tenant une lettre à la main.*

Que de basses intrigues, que de moyens odieux l'envie ne suggère-t-elle pas au cœur vil qui en est dévoré! Tenez, Liziard, lisez cet écrit.

LIZIARD, *il lit.*

« Duc Milon, on conspire contre ta vie et ton autorité. Un
» homme, voilant ses projets ambitieux, sous les dehors d'une
» vertu austère; un homme que tu combles de bienfaits et de
» gloire, Roland de Monglave, va, si tu n'y prends garde, te
» renverser de ton rang suprême, et si asseoir à ta place. Ton
» armée, qu'il guida vingt fois au chemin de la victoire, chefs

» et soldats, ne connaissent plus que sa voix, n'ont de dé-
» vouement et ne savent combattre qu'avec lui. Le vaste plan
» de son usurpation est sur le point d'éclater. Ses complices
» sont prêts, l'heure fatale va sonner. Hâte-toi donc, il en
» est tems encore; hâte-toi d'arrêter les desseins du perfide.
» Demain, ce soir, peut-être, il serait trop tard. » (*rendant l'écrit.*) Seigneur, une telle lettre ne mérite que votre mépris.

MILON.

Et mon indignation. (*il déchire la lettre.*)

LIZIARD.

La conduite droite et modérée de Roland.

MILON.

Sa loyauté.

LIZIARD.

Ses services.

MILON.

Ses vertus. Je me garderai bien d'écouter les ennemis de ce brave guerrier. (*un bruit éloigné se fait entendre dans la coulisse.*) Quel bruit frappe mes oreilles ?... Voyez, Liziard, ce que ce peut être. (*Liziard sort.*)

---

## SCENE VII.

MILON, *seul.*

Quel est donc le malheur de ceux que le destin appelle à gouverner leurs semblables! S'ils ont le bonheur de découvrir, de s'attacher un homme d'un mérite rare, et d'une vertu éminente; s'ils récompensent par la considération les services que cet homme rend à la patrie, l'envie soudain s'éveille furieuse, et ne respire que sa ruine. (*on entend un grand tumulte dans la coulisse.*) Le bruit redouble ! (*il avance, il regarde.*) Une foule rassemblée, des cris confus ! Tous mes sens sont troublés. (*il veut pénétrer dans la coulisse. Liziard paraît et l'arrête.*)

---

## SCENE VIII.

LIZIARD, MILON, Gardes.

LIZIARD, *d'une voix sombre.*

Seigneur, n'avancez pas.

MILON.

Pourquoi ce mouvement du peuple ! D'où viennent ces clameurs ?

LIZIARD, *affectant l'air le plus consterné.*

Je vous en conjure, seigneur, rentrez dans le palais.

MILON.

Votre voix est altérée, expliquez-vous, Liziard.

LIZIARD.

Dispensez-moi.

MILON.

Parlez, parlez, je vous l'ordonne !

LIZIARD.

Vous l'exigez, seigneur, un grand crime s'est commis.

MILON.

Un crime !

LIZIARD.

Le plus horrible attentat !... Théobalde votre fils...

MILON.

Mon fils !

LIZIARD.

Est tombé sous le fer d'un cruel ennemi.

MILON, *avec un cri douloureux et se couvrant la figure de ses mains.*

Mon fils est mort !

LIZIARD.

Ce matin, dans la forêt où l'ont attiré les provocations d'un perfide.

MILON.

Quel est le barbare ?

LIZIARD.

Ce n'est pas sans une vive douleur, que j'ouvre devant vous un abîme de forfaits inouis jusqu'à ce jour : mais l'écrit que vous avez reçu, seigneur, paraît contenir des avis trop certains.

MILON.

Expliquez-vous.

LIZIARD.

C'est Roland qu'on accuse, et que l'on dit l'auteur de cet attentat.

MILON.

Roland !

LIZIARD.

Cette inculpation m'a paru d'abord incroyable ; je l'ai repoussée avec indignation ; mais deux bucherons, hommes simples et imcapables d'artifices, ont reconnu Roland dans le vainqueur de votre fils.

MILON.

Qu'on amène ces hommes devant moi !

LIZIARD.

Ils sont ici, seigneur, ils attendent vos ordres pour exposer, dans un récit fidèle, tous les détails de ce triste évènement.

MILON, *douloureusement.*

Qu'ils paraissent ! j'aurai le courage des les interroger.

( *Liziard va les chercher dans la coulisse.* )

## SCENE IX.

MILON, LIZIARD, deux BUCHERONS, Gardes.

MILON.

Recueillons nos esprits, et modérons un moment la douleur qui m'oppresse. Bonne gens, approchez, et répondez-moi : que savez-vous de l'affreux évènement qui m'enlève mon fils ?

Le premier BUCHERON.

Seigneur, le jour venait de paraître ; nous commencions nos traveaux dans un endroit écarté de la forêt. Un guerrier, armé de toutes pièces, et que nous reconnaissons pour le jeune Théobale, votre fils, s'offre à notre vue. Tout-à-coup un autre guerrier couvert d'armes noires, sans livrée à son panache, sans devise à son bouclier, et la visière baissée, sort d'un taillis voisin, s'élance avec furie, et provoque Théobalde au combat. Nous observions, cachés derrière un feuillage. Le premier choc a été terrible. La victoire a paru quelque tems indécise ; mais votre fils non moins brave, mais plus malheureux que son adversaire, est tombé le cœur percé de plusieurs coups mortels.

MILON.

Juste ciel !

Le premier BUCHERON.

L'action précipitée du guerrier inconnu a fait tomber son casque, et nos yeux, surpris et indignés, ont reconnu Roland de Monglave.

MILON.

Roland ! mes amis, le connaissez-vous bien ? Ne vous trompez-vous pas ?

Le premier BUCHERON.

Nous l'avons vu cent fois, seigneur.

Le second BUCHERON.

Nous le connaissons tous. Oui, seigueur, c'était Roland lui-même.

Le premier BUCHERON.

Effrayé de son triomphe affreux ; craignant d'être apperçu, il a piqué des deux, et s'est perdu dans l'épaisseur du bois.

Alors nous nous sommes approchés de votre fils, pour le secourir ; mais hélas ! inutilement. Couché sur la poussière, il était mort, ayant encore dans son flanc cette épée que nous apportons. ( *Il l'a remet au chef des gardes.* )

MILON, *regardant l'épée avec horreur.*

Le crime est avéré ! Oui, cette épée lui appartient, je la reconnais. Gardes, que l'on cherche Roland, qu'on le traîne ici chargé de chaînes ! (*Les gardes sortent.*) Père infortuné ! vieillesse affreuse !... ( *Tristement.* ) Liziard, faites élever un drapeau de deuil sur les tours du palais, et rendez à mon fils les tristes honneurs du tombeau. ( *Liziard sort.* )

## SCENE X.

MILON, Les BUCHERONS.

MILON.

O profonde dissimulation des hommes ! Si tant de voiles épais cachent la vérité, si tant de vices affreux se déguisent sous les apparences de la vertu, il n'est donc plus personne à qui l'homme de bien puisse accorder sa confiance !

## SCENE XI.

MILON, Les BUCHERONS, ROLAND, *enchaîné*, Gardes.

MILON.

Le voilà !... Ennemi lâche et perfide, quelle furie t'inspira le courage affreux de percer si cruellement le cœur d'un père, qui, chaque jour, t'offrait pour modèle à son fils, à ce fils aimable, que tu affectais de chérir, qui s'honorait luimême de ton amitié, et à qui, pour prix de sa tendresse, ta main forcenée déchire les entrailles !

ROLAND.

Ainsi donc l'on m'accuse d'avoir immolé mon bienfaiteur.

MILON.

Vainement ta bouche voudrait alléguer les impostures que tu as méditées pour ta justification. Ton action barbare, et tes projets criminels me sont également connus.

ROLAND.

L'homme de bien peut-être accusé ; mais il suffit de l'ascendant de sa conscience pour écraser ses calomniateurs. (*avec force.*) Qu'ils paraissent !

MILON.

Il faut donc te confondre ! Hommes simples et vertueux !

vous qui avez vu succomber mon malheureux fils, parlez, parlez sans crainte. N'est-ce pas là le traître qui lui a donné la mort ?

Le second BUCHERON.

Il est vrai.

ROLAND.

O ciel !

Le premier BUCHERON.

Je le déclare avec peine ; oui, seigneur, voilà le guerrier qui a tué votre fils.

ROLAND, *d'un voix terrible.*

Vils imposteurs ! tremblez. Milon, on égare votre justice. Vous êtes, sans le savoir, le fauteur et le complice de quelque grande inquiétude.

MILON, *montrant l'épée que tient le chef des gardes.*

Démens donc, si tu l'oses, démens ce fer ensanglanté que le meurtrier, pressé de fuir, et troublé sans doute par l'énormité de son forfait, a laissé dans le flanc de sa victime ! Connais-tu cette épée ?

ROLAND, *avec calme.*

Oui, elle est à moi.

MILON.

Et après un indice aussi frappant.

ROLAND.

Cette circonstance prouve que, pour mieux me perdre, les méchans, consommés dans l'art de nuire, m'ont dérobé mon épée, pour armer le meurtrier de votre fils.

---

## SCENE XII.

LES PRÉCÉDENS, DINAS.

MILON.

Quel front inaltérable ! qu'on entraine ce traitre, et qu'on le jette dans le plus noir cachot ?

ROLAND.

Quel tissu de perfidie.

MILON.

O ciel ! éclaire-moi sur le choix du supplice qui doit punir un si grand coupable !

*Fin du premier Acte.*

# ACTE II.

*Le théâtre représente le derrière d'un château, ou d'une partie d'un château fort, situé au milieu d'un bois. Il est entouré d'une clôture à jour devant laquelle s'élève un poteau, où se lisent ces mots :* DE PAR LE DUC, QUICONQUE FRANCHIRA CETTE ENCEINTE, Y TROUVERA LA MORT.

## SCENE PREMIERE.

ISAURE, *seule sur le devant de la scène : elle est vêtue de simples habits.*

DOLIN n'arrive pas... C'est donc là que, chargé de fers et couché sur la terre humide d'un cachot, mon époux attend le supplice des scélérats ! ...

## SCENE II.

ISAURE, DOLIN.

ISAURE, *vivement.*

As-tu vu nos amis ?

DOLIN.

Des amis, madame ! il n'en est point dans l'infortune. Des fronts de glace, une pitié stérile, c'est tout ce que j'ai trouvé parmi ceux qui se glorifiaient, hier, du nom de vos amis.

ISAURE, *bien tristement.*

Je devais m'y attendre.

DOLIN.

Ne comptons que sur nous. Je veux, oui, madame, je veux sauver mon maître.

ISAURE.

Le sauver !

DOLIN.

Je suis résolu de l'arracher de cette prison, et d'assurer sa fuite, fallut-il périr à sa place !

ISAURE.

Cœur excellent ! Mais quel moyen ?

DOLIN.

Ce château fort est situé dans un bois hors de la ville. La

troupe commise pour sa garde, a pour chef un vieux soldat qui se nomme le capitaine Falker. Je suis informé de son caractère. C'est un homme humain, d'une probité rigide, et d'une bravoure irréprochable. Je n'en suis point connu, je le verrai, je lui parlerai.

ISAURE, *vivement.*

Eh ! que lui diras-tu ?

DOLIN.

J'ignore encore ce que je dois lui dire; mais le zèle qui m'anime, me suggérera, peut-être... Eloignez-vous un instant, madame, tenez-vous cachée à l'entrée de ce bois, et laissez-moi faire.

ISAURE, *en s'en allant.*

Puisse le ciel bénir son dessein !

---

## SCENE III.

DOLIN, *examine le château. Il s'approche de l'enceinte, et paraît vouloir la franchir. Une patrouille de cinq hommes traverse le théâtre. Dolin veut séloigner.*

---

## SCENE IV.

DOLIN, HUNAUT, peloton de GARDES.

HUNAUT.

Altes-là. ( *La troupe entoure Dolin, et l'arrête.* )

---

## SCENE V.

LES PRÉCÉDENS, FALKER.

HUNAUT.

Capitaine, voilà un homme que nous venons de surprendre, rôdant sous les murailles du château. Il paraissait vouloir franchir cette enceinte.

FALKER.

Téméraire ! quelle fatalité te fait chercher ici la mort ?

DOLIN.

Je n'ai aucun dessein dont vous ayez lieu de vous alarmer.

FALKER.

Tu n'as donc pas lu cet avertissement.

DOLIN.

Il n'avait point frappé mes regards.

FALKER.

Tu vois quel sort attend l'audacieux qui veut pénétrer dans cette enceinte.

DOLIN.

Si j'ai transgressé un ordre que j'ignorais, vous êtes trop juste pour m'en punir.

FALKER.

Quel dessein t'amène en ce lieu ?

DOLIN.

Je cherche le commandant de la garde de ce château.

FALKER.

C'est moi.

DOLIN, *vivement.*

Vous êtes le capitaine Falker ?

FALKER.

Oui, c'est moi, que me veux-tu ?

DOLIN.

Vous entretenir sur un point important.

FALKER.

Je ne te connais pas ; n'importe, qui que tu sois, je veux bien t'entendre, explique-toi

DOLIN.

Je désirerais vous parler sans témoins.

FALKER.

Soldats, je prends cet homme sous ma garde, et j'en réponds, retirez-vous ( *La troupe sort.* )

---

## SCENE VI.

FALKER, DOLIN.

FALKER.

Nous sommes seuls ; voyons ? qu'as-tu à me dire ?

DOLIN.

Avant que je m'explique, souffrez que je recueille un peu mes esprits.

FALKER.

Tu parais ému !

DOLIN.

Il est vrai, le malheur qui m'accable !

FALKER, *vivement et avec intérêt.*

Vous êtes malheureux !

DOLIN.

Oh ! beaucoup.

FALKER, *avec sensibilité.*

Pardon, mon ami, pardon, si je vous ai parlé un peu durement. ( *D'un ton de confidence.* ) Mais cette forteresse est une prison d'Etat, et les ordres sont si rigoureux. Allons, confiez-moi vos peines, peut-être sera-t-il en mon pouvoir de les adoucir.

DOLIN.

Un accueil si obligeant m'encourage, et rendra ma confidence moins pénible.

FALKER.

Je suis un vieux soldat, j'ai vu soixante combats et vingt-deux batailles; mais ce spectacle n'a point endurci mon cœur. Asseyons-nous sur ce banc, nous causerons plus à notre aise. (*Ils s'asseyent.*) Le métier que je fais, n'est pas fort agréable; il me déplait, il me contrarie fort souvent; mais, ma foi, dans cette courte journée qu'on appelle la vie, il n'est pas donné à tout le monde de choisir son poste; mais venons à votre affaire. (*Un soldat vient lui remettre un écrit ouvert, et se retire. Après avoir lu.*) Facheux message! on m'oblige de différer le plaisir de vous entendre. Il faut que je vous quitte.

DOLIN, *avec inquiétude.*

Pourquoi?

FALKER.

On a conduit ici, ce matin, un prisonnier du plus haut parage, qui est condamné à périr, cette nuit, du dernier supplice. Je reçois l'ordre d'augmenter les postes, et de redoubler de vigilance autour du château.

DOLIN.

Quel est donc ce prisonnier?

FALKER.

C'est Roland de Monglave. Il a tué le fils de Milon, pour s'emparer plus sûrement de ses États.

DOLIN, *témoignant une grande surprise.*

Roland capable d'un trait si déloyal! c'est bien étonnant!

FALKER.

D'autant plus étonnant qu'on ne parlait en tous lieux que de ses vertus héroïques; j'ai été à portée d'en juger bien des fois moi-même, ayant fait avec lui une partie de la guerre des Saxons.

DOLIN, *vivement.*

Vous avez fait la guerre avec Roland?

FALKER.

Près de deux ans, et je dois le dire, la générosité, la franchise, la justice autant que le courage éclataient dans toutes ses actions.

DOLIN.

Et un tel homme serait devenu un traître, un usurpateur: pouvez-vous le croire?

FALKER.

Difficilement, je l'avoue; à son arrivée ici, il m'a reconnu, et a fixé sur moi un regard qui m'a pénétré jusqu'au fond de l'ame. La fierté de la vertu s'unissait à l'indignation sur son visage. Les gardes qui le conduisaient avaient les yeux baissés, il était chargé de fers, et tout le monde paraissait tremblant en sa présence

DOLIN.

Il y a là-dessous de la perfidie.

FALKER.

Je le soupçonne.

DOLIN.

Vous le soupçonnez, et vous ne craignez pas de participer à quelque attrocité ?

FALKER.

Jamais le métier que je fais ne me parut aussi pénible qu'aujourd'hui ; mais mon devoir.

DOLIN.

Quel devoir peut vous forcer d'être l'instrument de l'injustice ?

FALKER.

Je suis un soldat, j'ai juré d'obéir.

DOLIN.

Ainsi donc le serment d'obéir, vous dispense du devoir d'être juste.

FALKER.

Le droit de juger les coupables ne m'appartient pas,

DOLIN.

Vous est-il permis d'ignorer qu'on n'a mis aucune forme légale au jugement qui condamne Roland ?

FALKER.

Quoi ! vous savez.

DOLIN, *vivement.*

Je sais tout !

FALKER.

Il y a des preuves, dit-on.

DOLIN.

Elles sont fausses !

FALKER.

Des témoins.

DOLIN.

Ce sont des imposteurs !... C'est une trame la plus odieuse, la plus noire.

FALKER.

Vous vous intéressez bien vivement au destin de Roland. Qui êtes-vous ?

## SCENE VII.

### FALKER, DOLIN, ISAURE.

( *Isaure s'avance sur la pointe du pied, et prête l'oreille.* )

DOLIN, *très-vivement.*

Il n'est plus tems de feindre. Vous voyez ; oui, vous voyez en moi l'écuyer de Roland. Vous fûtes le compagnon de ses travaux, le témoin de sa gloire et de ses vertus, il ne peut entrer dans votre pensée qu'il est coupable ; je le vois dans vos yeux et dans votre langage ; laisserez-vous périr ce héros ?

FALKER.

Que faire ?

DOLIN, *vivement.*

Vous joindre à moi pour le sauver.

FALKER.

Y pensez-vous ? Ma place, l'honneur.

DOLIN.

L'honneur vous prescrit de refuser votre ministère à tout acte désavoué par la justice.

FALKER.

Faut-il que j'aille me révolter contre mes chefs ?

DOLIN.

Non, il faut tirer Roland de cette prison, et fuir avec nous.

FALKER.

O ciel ! qu'osez-vous me proposer ?

DOLIN.

Une action juste, courageuse, et qui trouvera sa récompense.

FALKER.

Vous ne savez donc pas que je réponds des prisonniers sur ma tête.

DOLIN, *avec beaucoup de force.*

Eh qu'importe ! braver la mort pour sauver l'innocence ; c'est pour vous, si vous êtes homme de bien, oui, c'est pour vous un devoir religieux et sacré !...

FALKER, *brusquement et avec sensibilité.*

Vous ébranlez ma fidélité, retirez-vous.

DOLIN.

Vous êtes ému ! Songez, ah ! mon ami ! songez que la condamnation d'un homme vertueux, est un deuil pour le monde.

FALKER.

Retirez - vous.

ISAURE, *accourant et s'offrant tout-à-coup aux yeux de Falker. Très-vivement.*

Brave homme ! ne résistez pas au mouvement généreux qui vous presse.

FALKER, *avec étonnement.*

Qui êtes-vous, madame ?

ISAURE.

L'épouse infortunée de Roland. Sa vie entière dépose contre ses accusateurs, vous en êtes convaincu. Ce lieu est solitaire, entouré de bois épais, tout ici nous favorise; rendez à l'Etat son appui glorieux; rendez au monde le tableau de l'hymen le plus parfait qui jamais ait embelli la terre. Je n'ai d'existence que par lui, son ame et la mienne. ( *Tombant aux genoux de Falker.* ) Ah ! rendez-moi cet époux adoré ! Ma reconnaissance et mes bienfaits vous iront chercher jusqu'au bout de l'Univers.

FALKER.

Madame! levez-vous; je sens toute l'atrocité de l'inculpation qui pèse sur votre époux. Je voudrais concilier ce que je dois d'obéissance à mes chefs, avec le vif intérêt qu'il m'inspire; mais je n'en vois pas le moyen. Tout ce que je peux faire, c'est de courir à l'heure même au palais de Milon, de lui faire entendre le langage d'un soldat, celui de la franchise et de la vérité. Adieu, madame, recevez le témoignage de mes regrets, et croyez que si ma démarche est sans succès, je n'aurai pas du moins à gémir, d'avoir négligé quelque chose de ce qui peut vous la rendre utile ( *Fausse sortie. Revenant sur ses pas.* ) Il n'y a point de sentinelle de ce côté de la forteresse. Ne vous éloignez pas encore, madame. Dans un moment peut-être recevrez-vous quelque nouvelle consolante...

## SCENE VIII.

### ISAURE, DOLIN.

ISAURE.

Ah ! il n'est que la présence de Roland qui puisse me consoler; mais, hélas ! je ne m'abuse point sur l'horreur de ma situation.

DOLIN.

Pourquoi perdre tout espoir, madame ? Reprenez un peu de courage.

ISAURE.

Je ne le puis.

DOLIN.

Mon maître n'a-t-il pas pour lui son innocence ? Peut-être aussi la démarche du capitaine.

ISAURE.

Je n'y compte pas. Cet homme aura voulu se délivrer de nous par de vaines promesses. Que dis-je ? ne peut-il pas nous aller trahir pour se faire un mérite de sa fidélité ?

DOLIN.

Ne le craignez pas, madame. La probité imprime, sur le front de l'honnête homme, un caractère sacré que l'on ne peut contrefaire ; et, sans connaître Falker, je réponds de lui comme de moi-même.

---

## SCENE IX.

DOLIN, ISAURE, UN SOLDAT, *la visière de son casque est baissée.*

( *Le soldat présente une lettre à Dolin.* )

DOLIN, *avec inquiétude.*

Pour qui cette lettre ? ( *le soldat lui fait signe que c'est pour lui. Il la prend avec confiance.* ) Il lit :

A l'écuyer de Roland. ( *il ouvre le billet.* ) « Il vous reste » un ami, qui peut et qui ose vous servir. Suivez le soldat qui » vous a remis ce billet ; célérité, prudence, et Roland vous » sera rendu. »

ISAURE.

O providence !

DOLIN.

Vous le voyez, madame, son appui ne manque jamais à la vertu. ( *il se dispose à sortir avec le soldat qui le presse de s'éloigner.* )

ISAURE, *vivement.*

Je vous suis ! ( *le soldat lui fait signe de demeurer.* )

DOLIN.

Restez, madame, puisqu'on l'exige ; je vous rejoins dans un moment. ( *ils sortent du côté de la forteresse.* )

ISAURE, *seule.*

Que penser de la démarche de cet inconnu ?.... Quel moment !....L'espoir le plus doux, une terreur invincible. (*Elle regarde.* ) Où vont-ils ? S'ils allaient être vus !.... ( *après un silence.*) Mon trouble, ma frayeur redoublent... (*elle marche, s'arrête, écoute.* ) Affreuse incertitude ! je me sens prête à succomber.

## SCENE X.

### ROLAND, ISAURE, DOLIN.

(*Roland est couvert d'une armure simple. Isaure s'élance dans les bras de son époux, qui la presse sur son cœur.*)

ISAURE.

Quel mortel, quel dieu bienfaisant te ramène dans mes bras?

ROLAND.

Je l'ignore. J'étais seul dans le fond de mon cachot, l'esprit agité de mille pensées funestes. Tout-à-coup une grosse pierre, détachée du mur, roule avec bruit à mes pieds. J'apperçois une ouverture, et un homme portant un flambeau; il me dit de le suivre; nous descendons dans une galerie souterraine, creusée sous les fossés du château. Des armes s'offrent à ma vue; mon guide me dit qu'elles me sont destinées: je les prends; nous continuons de marcher sous cette voûte sombre, qui nous conduit à une porte de fer. Mon guide frappe, la porte s'ouvre parmi des ruines couvertes de feuillages, nous sortons, et Dolin me reçoit dans ses bras.

ISAURE.

O bonheur inespéré!

ROLAND.

Ce sentier, me dit mon guide, vous conduira dans un lieu solitaire, appelé le valon de la Roche-Sauvage, attendez-y de nouvelles instructions. A ces mots, sans vouloir se faire connaître, il a disparu avec le soldat qui m'a ouvert l'entrée du souterrain.

DOLIN, *vivement.*

Conformons-nous au vœu de cet homme bienfaisant. Seigneur, sortons de ces lieux. Vous connaissez le vallon de la Roche-Sauvage; allons-y sur-le-champ.

ROLAND.

Une main généreuse et inconnue m'a offert la liberté, je l'ai acceptée; je ferai tout pour la conserver, mais m'enfuir comme un coupable, ne l'espérez pas.

ISAURE.

Qu'entends-je?

ROLAND.

Voulez-vous que ma renommée soit flétrie dans la mémoire des hommes, et que j'imprime à ma race une tache éternelle.

DOLIN.

Nous voulons vous sauver.

ROLAND.

Il faut que le crime qu'on m'impute soit déclaré hautement, qu'on m'oppose mes délateurs, et qu'on les oblige à m'accuser en face.

ISAURE.

Vain espoir !

DOLIN, *vivement.*

L'arrêt est prononcé.

ISAURE, *vivement.*

Le supplice est prêt, il faut mourir où prendre la fuite !

ROLAND.

Je ne peux me résoudre à fuir.

ISAURE.

Quand ta voix demeure étouffée par un jugement arbitraire; ah ! ce serait en te laissant égorger comme une victime sans défense que tu transmettras à nos neveux un nom chargé d'opprobre. Oui, si tu périssais sans avoir pu te faire entendre, le tombeau dévorerait avec toi les titres de ton innocence, et la postérité, trompée par des apparences perfides, sanctionnerait le crime de tes assassins !

ROLAND.

Je frémis.

DOLIN.

Seigneur, il n'est pour vous ici que la mort ou la fuite, vous n'avez qu'un instant, choisissez.

ROLAND.

Je cède à des motifs si puissans. Non, je ne dois pas contribuer moi-même au triomphe de mes lâches ennemis. Disposez de mon sort.

( *Ils se disposent à sortir ; on entend un grand bruit.* )

ISAURE.

Nous sommes investis !

ROLAND, *tirant son épée avec force.*

La liberté m'est rendue, je saurai la défendre !

---

## SCENE XI.

LES PRÉCÉDENS, *Troupes de gardes qui débusquent par tous les coins du théâtre.*

DOLIN, *tirant son épée.*

Frayons-nous un chemin au travers de ces vils satellites.

ROLAND.

O mon ami ! veille sur Isaure.

ISAURE, *s'élançant vers Roland.*

Cher époux !

(*Dolin l'arrête et la repousse doucement sur le devant de la scène. Les gardes veulent saisir Roland qui se bat en désespéré. Dolin suit son exemple. Après un combat terrible, les gardes, acharnés sur le seul Roland, l'enveloppent tous, le serrent, le saisissent, le désarment et l'entraînent. Isaure tombe évanouie. Dolin, resté seul, court à son secours, la prend dans ses bras, et l'emporte dans l'épaisseur du bois.*)

*Fin du second Acte.*

# ACTE III.

*Le théâtre représente une place publique. Au milieu est une pyramide à laquelle pendent des chaînes. Cette pyramide est surmontée d'un fanal qui éclaire la scène. D'un coté est une tourelle gothique et isolée surmontée d'une espèce de beffroi, ou d'une charpente portant une cloche placée extérieurement, et dont la corde descent à hauteur d'appui. On voit à cette tourelle, une porte et une fenêtre très-élevée, qui s'ouvre l'une et l'autre. La fenêtre est grillée par deux ou trois barreaux de fer seulement. Il fait nuit.*

## SCENE PREMIÈRE.

LIZIARD, DINAS.

LIZIARD.

QUELLE heure est-il ?

DINAS.

La cloche du grand beffroi vient de sonner minuit.

LIZIARD.

A-t-on fait les apprês du supplice ?

DINAS.

Oui, seigneur.

LIZIARD.

Et Roland ?

DINAS.

Sorti de la citadelle, il s'avance au milieu d'une garde sûre qui le conduit.

LIZIARD.

Vas au-devant de l'escorte ; et dès que Roland paraîtra sur cette place, fais-lui connaître son arrêt de mort, et qu'à l'heure même, il soit mis à exécution.

## SCENE II.

LIZIARD, *seul.*

Enfin mon génie l'emporte, plus d'ennemi puissant; plus de rivaux qui me fassent ombrage. Un pouvoir sans bornes, la plus brillante destinée, marqueront désormais mon heureuse existence.

## SCENE III.

LIZIARD, DINAS, HUNAUT, OLIVIER, ROLAND, un peloton de Gardes.

(*Les gardes, précédés de flambeaux, conduisent Roland au milieu de la scène.*)

DINAS, *il déroule un écrit, et lit à haute voix et d'un ton grave, la sentence suivante :*

« Roland de Monglave, atteint et convaincu de félonie au » premier chef, sera dégradé et rejeté de l'ordre de chevalerie; » son armure sera mise en pièces, foulée aux pieds, et dispersée » sur la terre par le prévôt de l'hôtel. Conduit ensuite devant » la grande tour du palais, il y recevra une mort infamante.»

ROLAND.

Il faut donc que je subisse cet arrêt inique et cruel.... (*appercevant Liziard.*) Liziard! (*lui adressant la parole.*) Vous à qui votre rang impose la loi de tendre au malheur une main secourable; Liziard, repondez-moi.

LIZIARD.

Il ne m'est pas permis de vous entendre.

ROLAND.

Ainsi Milon ne veut pas même que je me défende?

LIZIARD, *froidement.*

J'ai reçu des ordres, je les exécute, n'attendez de moi rien d'étranger à mon devoir. (*il va observer dans le fond du théâtre.*)

ROLAND.

Affreuse destinée!

(*On entend un bruit d'instrumens déguisés.*)

## SCENE IV.

(*On voit paraître une troupe de gardes; vient ensuite un héraut d'armes, portant l'armure complette de Roland, surmontée d'un crêpe noir, et d'un écriteau sur lequel se lit :* LES ARMES DE ROLAND DE MONGLAVE, COUPABLE DE TRAHISON ET DE FÉLONIE AU PREMIER CHEF. *Roland est mis au milieu du cortège qui se met en marche pour le mener au supplice. Musique.*

## SCENE V.

LES PRÉCÉDENS, LE CAPITAINE des Gardes de Milon.

LE CAPITAINE.

Gardes, suspendez le supplice !

LIZIARD, *avec effroi.*

Qu'entends-je !

LE CAPITAINE.

Milon ordonne qu'il soit différé jusqu'au jour, pour le rendre plus terrible et plus solemnel.

LIZIARD, *reprenant son air serein.*

( *A part.* ) Ah ! ce n'est qu'un délai. Encore quelques heures, et mes yeux ne seront plus offensés de la présence de mon ennemi !

DINAS.

En attendant le jour, qu'ordonnez-vous du prisonnier, seigneur ?

LIZIARD.

Il est inutile de le conduire à la citadelle ; qu'on l'enchaîne à cette pyramide, et qu'il y soit gardé à vue, jusqu'au moment de son supplice ! ( *il sort.* )

## SCENE VI.

( *On attache Roland à la pyramide. Hunaut et Olivier sont détachés de la troupe et placés près de lui en sentinelle.* )

DINAS, *après avoir examiné si Roland est bien enchaîné.*

Qu'une garde nombreuse veille autour du palais et des remparts. Suivez rigoureusement les ordres que vous avez reçus. ( *les gardes sortent d'un côté, Dinas sort de l'autre.* )

## SCENE VII.

ROLAND, HUNAUT, OLIVIER.

( *Les sentinelles se promènent, l'une à la droite, l'autre à la gauche de Roland.* )

ROLAND.

Tout m'abandonne, tout conspire contre moi. Résignons-nous, et puisse mon courage être plus grand que mon infortune ! ( *il tombe absorbé dans un profond accablement.* )

*( En se promenant, les deux gardes se rencontrent, et se parlent sur le devant de la scène. )*

HUNAUT, *bas à l'oreille de son camarade.*

Il se plaint, je crois.

OLIVIER.

Demain, il ne se plaindra plus. *( ils continuent de se promener. )*

---

## SCENE VIII.

LES PRÉCÉDENS, DOLIN.

*( Dolin paraît, déguisé en petit vieillard ; barbe blanche, bien longue et bien épaisse, petit tonneau sur l'épaule, petit bâton blanc à la main, l'air bien courbé, bien décrépit. Il vient du côté opposé à celui par où les gardes sont sortis. )*

HUNAUT, *se retournant vivement.*

Qui vive ?

DOLIN, *d'une voix bien cassée.*

C'est moi, c'est moi, mes enfans.

HUNAUT.

Qui es-tu ? où vas-tu ?

DOLIN.

Je viens vers vous, mes bons camarades. La nuit est bien noire, et le vent de bise souffle fort sur cette place.

HUNAUT.

Qu'en veux-tu conclure ?

DOLIN.

Que vous avez froid, et parconséquent besoin de vous réchauffer l'estomac ; j'ai, dans mon tonneau, un certain petit vin...

HUNAUT.

Du vin! ah! c'est différent, approchez, approchez, bon papa.

DOLIN.

Je savais bien que ma visite ne vous serait pas désagréable. Tenez, mes bons camarades. *( il leur donne à chacun une coupe, et leur tire à boire ; on voit couler le vin du tonneau. )*

HUNAUT.

Ce confortatif nous vient fort à propos. *( ils boivent. Tendant sa coupe. )* Un second coup, bon père.

DOLIN.

De tout mon cœur. *( il leur redonne à boire. Riant. )* Un tel restaurant vaut bien tous les cordiaux de la médecine, n'est-ce pas ?

HUNAUT.

C'est le remède universel, point de maux, selon moi, qui puisse résister à un verre de ce vin-là. (*il boit. Mettant la main sur l'estomac.*) Je sens là une douce chaleur. (*il tend sa coupe, Dolin lui verse à boire.*) Comment vous appelez-vous, bon vieillard ?

DOLIN.

Je me nomme le père Mouflet.

HUNAUT.

Je me souviendrai du père Moufflet et de son petit tonneau.

DOLIN.

Il commence à me peser beaucoup. Je suis bien vieux ; mais il faut porter son fardeau jusqu'à la fin ; et je porte le mien assez gaîment, grace au ciel.

HUNAUT, *lui mettant des pièces de monnaie dans la main.*

Tenez, papa.

DOLIN.

Je vous remercie. Que Dieu vous tienne en joie, mes bons et braves camarades. (*il va dans un coin du théâtre, observant les gardes de loin.*)

HUNAUT.

Voilà un aimable petit vieillard.

OLIVIER.

Oui, ma foi.

HUNAUT.

Son vin est parfait ; c'est, je crois, du vin du Rhin.

OLIVIER.

Je le trouve un peu capiteux.

HUNAUT.

C'est qu'il a du corps... Cependant, je l'avoue, il se passe en moi quelque chose d'extraordinaire.

OLIVIER.

Il me semble que tout tourne autour de moi.

HUNAUT.

Ma vue aussi paraît s'obscurcir... Mes genoux fléchissent... Je sens... (*il veut, mais vainement, combattre le sommeil. Jeu de théâtre.*)

(*Ils continuent de se promener, mais leur marche est pénible. Ils s'arrêtent tous deux sur le devant de la scène. Ils chancèlent ; l'un tombe sur un genou, ensuite sur ses mains, et s'endort ; l'autre s'appuie à la coulisse, glisse doucement à terre, et finit aussi par s'endormir.*)

DOLIN, *revenant sur la pointe du pied.*

Le breuvage a fait son effet, les voilà plongés dans un sommeil profond ! ( *il jette loin de lui son accoutrement de vieillard, et court vers Roland.* ) Mon maître ! reconnaissez-moi.

ROLAND, *sortant de son accablement; vivement et avec surprise.*

Dolin !

DOLIN, *vivement.*

Je viens briser vos fers.

ROLAND.

Et mes gardes ?

DOLIN.

Avec une poudre assoupissante, mêlée dans du vin, je les ai endormis. J'ai commencé par les autres postes, ne perdons pas de tems. ( *il se met en devoir de briser les fers de son maître.* )

ROLAND.

Où est Isaure ?

DOLIN.

J'ai promis de vous mener dans ses bras... Mais de quelles fortes chaînes !

ROLAND.

Tu ne peux les rompre.

DOLIN, *très-vivement.*

Cet instrument briserait l'acier le plus dur.

ROLAND.

Vois le péril qui te menace !

DOLIN, *d'un ton décidé.*

Je les méprise ! Je vous sauverai, ou nous mourrons ensemble ! ( *les chaînes tombent. Avec transport.* ) Vous êtes libre ! prenez cette épée, et fuyons.

---

## SCENE IX.

ROLAND, DINAS, DOLIN, HUNAUT, OLIVIER.

DINAS.

Que vois-je ? les gardes endormis ! Monglave en liberté !

DOLIN, *appercevant Dinas.*

Nous sommes découverts !

ROLAND, *tirant son épée.*

Prenons un parti ferme. ( *ils s'élancent, l'un à la droite, l'autre à la gauche de Dolin.* )

DINAS, *parlant à Dolin.*

C'est toi sans doute qui a brisé les fers du prisonnier ! ton audace va te couter cher. ( *il veut sortir.* )

ROLAND, *l'arrêtant et le menaçant de son épée.*

Demeure !

DINAS, *tirant aussi son épée.*

Traître ! (*Dolin le désarme. Il veut fuir.*)

DOLIN, *le retenant d'un bras vigoureux, et lui mettant un pistolet sur le front.*

Si tu fais un mouvement pour sortir ; si un geste ou un seul mot t'échappe, tu es mort. (*Dinas témoigne de l'effroi.*) Cherchons un moyen de l'empêcher, au moins pour un instant, d'aller dénoncer votre fuite.

ROLAND.

Cette tourelle isolée, cette porte entr'ouverte !

DOLIN.

Je vous entends ! (*parlant à Dinas.*) Suis-moi. (*Il le conduit vers la tourelle, Roland, toujours l'épée à la main, les suit, en observant tous les mouvemens de Dinas. Dolin le pousse rudement dans la tourelle, et referme sur lui la porte à double tour. Ils lèvent les mains vers le ciel, et sortent.*)

---

## SCENE X.

### HUNAUT, OLIVIER.

HUNAUT, *se réveillant et se frottant les yeux.*

C'est singulier ! j'ai dormi, je crois... Ce vieux père avec son vin ! (*vivement.*) Camarade ! (*plus fort et avec effroi.*) Camarade !

OLIVIER, *commençant à se réveiller.*

Hein !

HUNAUT, *se levant précipitamment.*

Tu dors !

OLIVIER, *à moitié réveillé.*

Moi ! non, non, je ne dors pas. (*il se lève.*)

HUNAUT.

Eh ! malheureux, tu dors encore. (*s'approchant de la pyramide.*) O ciel ! on a enlevé le prisonnier.

OLIVIER.

Que faire ?

HUNAUT.

Que devenir ?

OLIVIER.

Sauvons-nous.

---

## SCENE XI.

DINAS, *parraissant à la fenêtre de la tourelle.*

Heureusement, je suis parvenus à monter jusqu'à cette

croisée. ( *il regarde.* ) il sont partis !... Liziard va venir, que va-t-il penser ? Si je pouvais... ( *il regarde en bas.* ) Non, cette fenêtre est trop élevée. Crions aux armes. Les postes sont trop éloignés, on ne m'entendrait pas. ( *avec douleur.* ) Quoi ! pas un seul moyen. (*appercevant la corde. Avec joie.*) La cloche de ce beffroi ! si je pouvais atteindre. (*Il avance le corps et la main, tire la corde, qu'il atteint avec peine. et sonne. Une trompette se fait entendre dans la coulisse. Trois autres trompettes, placées sur différens points répondent au son de la première. Avec un transport de joie.*) Ils m'ont entendu !...

---

## SCENE XII.

DINAS, Gardes, LIZIARD.

( *Les gardes accourent en désordre, et se rangent sur le théâtre.*)

LIZIARD, *venant après les gardes.*

Quel est donc cette alerte ? que vois-je ? Dinas !

DINAS, *vivement.*

Seigneur, je suis enfermé dans cette tourelle ; Roland est en fuite.

LIZARD.

Soldats, enfoncez, brisez cette porte. ( *Des soldats enfoncent la porte de la tourelle, Dinas sort.* )

LIZIARD.

Qui s'est permis une telle violence à ton égard ?

DINAS.

Dolin, l'écuyer de Roland, Roland lui-même.

LIZIARD.

Dolin !

DINAS.

Après avoir endormi les sentinelles, il a brisé les fers de son maître, et vient de s'enfuir avec lui.

LIZIARD, *furieux.*

Gardes, dispersez-vous. Courez, volez sur les traces de ces deux traîtres, et ramenez-les vivans ou mort. ( *Avec force.* ) Dinas, suis-moi.

( *Les gardes se divisent, et dans une marche rapide, sortent par des côtés différens. Musique.* )

*Fin du troisième Acte.*

# ACTE IV.

*Le théâtre représente un vallon, des arbres, des rochers, etc. L'un de ces rochers, le plus près de l'avant-scène, présente un creux, ou une espèce de cavité, avec un siège naturel; cet enfoncement est tapissé de mousse et de fleurs sauvages. Du côté opposé est une caverne dont l'entrée est à moitié masquée par un rocher placé en avant. Cette caverne est dans le fond.*

## SCENE PREMIERE.

ROLAND, ISAURE.

ROLAND.

CHÈRE Isaure! Vous tombez de lassitude.

ISAURE.

Nous avons fait cependant bien peu de chemin. Hélas! mes forces ne secondent point mon courage. (*Elle s'assied sur une pierre.*) Où sommes-nous?

ROLAND.

Dans le vallon de la Roche-Sauvage.

ISAURE

Nous devons être bien près encore du palais de Milon.

ROLAND.

Il est vrai; et c'est pour nous un motif d'espérer qu'on ne viendra pas nous chercher ici. Ce vallon d'ailleurs est peu fréquenté, et c'est l'asyle indiqué par l'inconnu généreux qui m'a donné une si grande preuve de son zèle.

ISAURE, *alarmée.*

Le silence de ces lieux est interrompu! (*Le son d'une flûte ou d'un hautbois champêtre, se fait entendre dans la coulisse.*)

ROLAND, *il monte sur un rocher, et après avoir observé, il revient près d'Isaure.*

C'est un jeune berger assis de l'autre côté de la colline. Il chante ses amours et son bonheur.

ISAURE.

Quel contraste! Là le plaisir et l'innocence. Ici l'innocence et le désespoir.

## SCENE II.

### ROLAND, ISAURE, DOLIN.

ROLAND.

Eh bien, qu'as-tu recueilli ?

DOLIN.

De tristes nouvelles : j'ai su d'un paysan qui vient de la cité, que Milon, furieux de votre fuite, a mis votre tête à prix Des gardes, répandus de tous côtés, parcourent déjà les campagnes. Liziard est à leurs têtes.

ISAURE.

Liziard ! ce courtisan perfide ! quel triomphe pour lui de nous voir accablés !... Comment échapper aux farouches satellites qui nous cherchent.

DOLIN.

Je vous crois en sûreté, au moins pour quelques heures, dans ce vallon qu'environnent des rochers escarpés. On m'a indiqué un lieu isolé où vos gens doivent se rendre par des chemins divers ; je cours y assurer votre retraite pour cette nuit. ( *il sort.* )

## SCENE III.

### ROLAND, ISAURE.

ISAURE.

Ce bon serviteur ! il rouvre mon cœur à l'espérance.

ROLAND.

Oui, ô ma bien aimée ! espérons. L'espérance est un hommage que la vertu malheureuse doit à la justice du ciel. Puisque nous devons rester ici quelque heures, cherchons un autre lieu. ( *il marche, il regarde.* ) Viens, ma chère Isaure, place toi dans le creux de ce rocher, il est décoré des mains mêmes de la nature ; viens, tu y seras plus commodément.

ISAURE, *après s'être assise dans le creux du rocher.*

Oui, je me sens mieux ici...Ce lieu est bien sauvage, et pourtant il rit à ma vue. Le tableau de nos malheurs fuit de ma pensée avec le bruit du monde. (*Roland s'assied près d'elle, lui prend la main, la baise avec tendresse, et la pose sur son cœur.* ) Te voilà, je te sens contre mon cœur; ah ! rien ne manque à ma félicité ! ( *Roland se lève, elle laisse aller sa tête contre le rocher.* ) Je respire un air plus pûr... Je ne sais quelle douceur autour de moi répandue...

ROLAND.

( *Après un silence.* ) Ses yeux luttent contre le sommeil. Si son charme bienfaisant... ( *Un silence.* ) Elle s'endort ! ô nature ! fais silence autour de son repos ! Songes heureux ! venez sourire à son imagination, volez en foule autour d'elle, et remplissez son esprit d'illusions consolantes.

ISAURE, *se réveillant et se relevant avec inquiétude.*

Roland !

ROLAND.

Isaure !

ISAURE.

( *D'un air rassuré, et bien tendrement.* ) Ah ! te voilà ! ( *Elle se rendort.* )

ROLAND.

( *Après un silence.* ) Le sommeil a refermé sa paupière ; qu'elle est belle ! ( *Avec transport.* ) Un attrait délicieux... ( *Il s'incline pour lui donner un baiser. Se relevant tristement.* ) Oh non, je causerais son réveil. ( *Il fait quelques pas, il revient.* ) Des vapeurs humides s'élèvent dans les airs ; ah ! préservons là de l'impression du froid ! ( *Il la couvre d'un manteau qu'il suspend, et qu'il drape avec grace devant le creux du rocher ; de manière qu'Isaure est cachée à tous les yeux. Un cliquetis d'épées se fait entendre.* )

---

## SCENE IV.

### ROLAND, DOLIN, BOLGA.

( *Dolin et Bolga arrivent sur la scène en se battant avec acharnement. Dolin terrasse son adversaire, le désarme et va le percer de son épée. Roland s'élance et arrête son bras. Bolga se lève. Roland lui rend son épée.* )

ROLAND.

Quel était le sujet de votre querelle ?

BOLGA.

Je venais de m'écarter d'un détachement de vingt hommes dont je fais partie. Seul, je visitais ces rochers à dessein d'en reconnaître les passages, lorsque cet homme a paru devant moi. Porteur d'ordres sévères, je lui demande qui il est, ce quil fait en ce lieu. Il me répond brusquement et avec audace. J'insiste pour le reconnaître. Mon nom, m'a-t-il répliqué, est à la pointe de mon épée. Nous nous sommes battus ; mais bientôt, je l'avoue, j'ai senti que j'avais affaire à un terrible adversaire, et j'allais recevoir le coup de la mort, quand votre main généreuse a détourné le fer de mon ennemi.

ROLAND.

J'ai fait ce que tout autre eût fait à ma place.

BOLGA.

Je vous dois la vie, et je désire trouver l'occasion de m'acquiter d'un tel service. (*Parlant à Dolin.*) Quand à toi, à présent que tu es mon vainqueur, daigneras-tu me dire qui tu es ?

DOLIN.

Que t'importe mon nom ?

BOLGA.

J'ai des ordres, j'ai le droit de t'interroger ; qui ès-tu ?

DOLIN.

Tu le vois, je suis un soldat.

BOLGA.

Eh bien ! je t'offre une occasion de donner une preuve de ton zèle. Tu es brave, puisque tu m'as vaincu. Suis-moi, j'aurai, peut être, besoin de ton courage. Et vous brave inconnu, à ce que je vois, vous êtes aussi un serviteur de Milon.

ROLAND.

Oui, depuis assez long tems, je combats sous ses enseignes.

BOLGA.

Dès ce moment, je peux vous donner un témoignage de ma reconnaissance. Je suis chargé d'une expédition, au succès de laquelle est attachée une grande récompense. Je vais retrouver ma troupe. Venez vous joindre à nous, et vous n'aurez pas lieu de vous en repentir.

ROLAND.

Quelle est cette expédition dont vous êtes chargé ?

BOLGA.

Vous avez sûrement oui parler de la mort du jeune Théobalde, fils de Milon ?

ROLAND, *un peu troublé*

Oui.

BOLGA.

Roland de Monglave, convaincu de l'avoir tué, a rompu ses fers, sa tête est mise à prix; on le cherche de toutes parts; mais Liziard, favori de Milon, est jaloux d'offrir le premier, au duc son maître, la tête du meurtrier de son fis. Bolga, m'a-il dit, (c'est mon nom) prends vingt hommes déterminés, vole sur les traces de Roland, tâche de découvrir le premier l'asyle où il se cache, apporte-moi sa tête ; la plus haute fortune sera le prix d'un tel service. J'ai consenti à être le ministre d'une vengeance ordonnée par le duc lui-même ; mais la chose est d'une exécution difficile. Etranger dans ce pays, je n'ai jamais vu Roland. Si vous avez des indices propres à me faire connaître sa personne et le chemin qu'il a pris, venez avec nous, et je peux vous assurer que vous participerez a la récompense promise.

ROLAND.

Je sais que Roland est proscrit ; que tout le monde peut impunément lui donner la mort ; mais s'il s'offrait à vos regards, vous sentez-vous capable d'attenter à sa vie ?

BOLGA.

Pourquoi non? J'appartiens à Liziard, il attend de moi cette marque de dévouement ; je tâcherai de justifier sa confiance.

ROLAND.

Croyez-vous qu'il soit facile de percer le cœur d'un homme que la mort respecta, cent fois, sur le champ de bataille ?

BOLGA.

Je sais qu'il est d'une bravoure à toute épreuve; mais j'ai de l'adresse, du courage ; et mes compagnons sont déterminés.

ROLAND.

Mon ami, prenez bien vos mesures ; ( *avec force.* ) car je vous préviens que Roland est disposé à vendre chèrement sa vie.

BOLGA, *étonné.*

Vous le connaissez ?

ROLAND.

Je suis son ami.

BOLGA.

Vous, mon libérateur !

ROLAND.

Je le suis tellement, que je veux te faire connaître qu'il craint peu le poignard d'un assassin. Tu demandes la tête de Roland, ( *portant la main à son épée.* ) Viens la prendre, la voilà.

BOLGA.

Qu'entends-je ?

ROLAND.

Oui, je suis Roland de Monglave ; frappe si tu l'oses.

BOLGA.

Dieu me garde de porter une main sacrilège sur le plus grand des héros à qui je dois la vie. Juste ciel! de cet asyle de la vertu, j'irai faire un séjour de crime ? Non. Dussé-je encourir la colère de Liziard, dut-il me faire périr sous le fer d'un bourreau, je ne commettrai jamais une pareille lâcheté!

ROLAND.

Je le vois, tu n'es pas un méchant... Approche. ( *il écarte le manteau dont* Isaure *est couverte.* ) Regarde cet objet que l'amour et les grâces ont embelli de tous leurs dons. Eh bien ! c'est mon épouse. Penses-tu que mes assassins puissent facilement réussir à m'en séparer ?

BOLGA.

Je suis confondu, et mes larmes coulent malgré moi. Ah! seigneur, si vous saviez; si je pouvais parler...

ROLAND.

Tu parais oppressé.

BOLGA.

Oui, la pitié, le remords.

ROLAND.

Parle, parle avec confiance, ouvre-moi ton cœur.

BOLGA.

Je brûle de vous dire un secret qui vous touche; mais l'on peut nous observer, nous surprendre. (*bas et avec défiance. En montrant Dolin.*) Et cet homme?

ROLAND.

C'est mon ami, un autre moi-même; ne crains pas de t'expliquer en sa présence.

BOLGA, *avec force.*

Oui, cet affreux secret sortira de mon cœur. (*à voix basse.*) Sachez donc, seigneur, que c'est le chevalier Rainfroi, qui, à l'instigation de Liziard, a tué le fils de Milon. Ce fut un de ses gens qui vous déroba votre épée. La lettre qui vous accusait de trahison, le cartel adressé à Théobalde, furent forgés par Liziard lui-même. Les bucherons enfin, sont de faux témoins subornés et apostés par son ordre pour déposer contre vous.

DOLIN.

O trame exécrable!

BOLGA.

Il faut que je m'éloigne. Adieu, seigneur. Je ne promets pas de changer votre sort. Obscur, sans crédit, je le tenterais inutilement; mais je jure, par tout ce qui peut rendre un serment inviolable, de renfermer réligieusement dans mon sein, le secret de votre retraite, et de garder toute ma vie, l'impression profonde que j'ai reçue en ce lieu. (*il sort.*)

---

## SCENE V.

### ROLAND, DOLIN.

ROLAND, *tirant son épée, et d'une voix terrible.*

Liziard périra!

DOLIN.

Où courez-vous, seigneur?

ROLAND.

Venger les mânes de mon ami!

DOLIN.

Modérez ce transport, seigneur. Ce n'est pas le moment de vous y livrer. Ce que nous venons d'apprendre, rend vos dangers plus grands. Vous connaissez la puissance de Liziard, la force l'environne et lui obéit aveuglément. Pensez-vous pouvoir lui échapper autrement que par la prudence ? (*Après un moment de réflexion, très-vivement.*) Je vous quitte, seigneur !

ROLAND.

Quel est ton dessein ?

DOLIN.

Je cours sur les traces de Bolga... Je veux ; il suffit... Demeurez ici, seigneur. Si la crainte de quelque surprise vous force de chercher un autre retraite, que ce soit, s'il se peut, non loin de ces lieux, et lorsque le son de ce cors retentira dans le vallon, ne craignez plus de quitter votre asyle, et de vous offrir à tous les regards. Mon cher maître, renaissez à l'espérance, laissez-moi faire, et comptez sur mon zèle. (*il sort.*)

---

## SCENE VI.

### ROLAND, ISAURE.

ROLAND.

Quelle fidélité ! quel dévouement ! (*il s'approche de son épouse.*) O Isaure ! quand tu sauras...

ISAURE, *se reveillant et courant vers son époux.*

Je n'ai pu résister au sommeil.

ROLAND, *vivement.*

Isaure ! je connais mes ennemis, un complot infernal. . . Liziard !

ISAURE.

Liziard ! je l'avais soupçonné. (*Un bruit de tambour se fait entendre dans l'éloignement.*)

ISAURE, *vivement.*

Nous sommes perdus... (*Elle écoute. Les tambours cessent.*) Ce bruit funeste m'annonce l'approche des gardes.

ROLAND, *avec fermeté.*

Eh bien, je les attends.

ISAURE, *avec l'accent du désespoir.*

Ilsvont t'égorger à mes yeux.

ROLAND.

Et comment éviter de tomber dans leurs mains !

ISAURE, *vivement.*

Cette grotte !

ROLAND.

Elle n'échappera point à leurs recherches.

ISAURE.

J'entrevois une voûte obscure dans l'épaisseur de ce feuillage.

ROLAND.

Entrons-y, j'y consens. Hélas ! nous ne faisons que reculer un peu l'instant fatal que je prévois. ( *ils entrent dans la coulisse.*

---

## SCENE VII.

LIZIARD, DINAS.

LIZIARD.

Je suis accablé de fatigues, et je veux me reposer ici un moment. Va joindre le détachement que j'ai laissé dans la plaine. (*Dinas sort.*)

---

## SCENE VIII.

LIZIARD, *seul.*

Quoi ! des mesures si bien prises n'ont pu nous mettre encore sur la trace des fugitifs ? Roland aurait-il trompé la sévérité de mes recherches ? je le crains ; je crains d'avoir fait des crimes inutiles. Des crimes ! loin de moi ces idées d'un esprit pusillanime ; quand il s'agit de perdre un ennemi dangereux, le crime serait de n'être pas assez criminel. . ( *il fait quelques pas.* ) Je ne sais... malgré-moi, j'éprouve une tristesse... une sorte d'horreur secrette et involontaire... ( *le ciel s'obscurcit*, *il fait des éclairs.* ) Ces éclairs redoublés, ce deuil de la nature, tout m'annonce un terrible orage.... Entrons dans cette grotte, et goûtons-y quelque repos... ( *il entre dans la grotte du fond et s'y cache de manière qu'il ne soit pas vu des spectateurs.* )

---

## SCENE IX.

HUNAUT, OLIVIER, peloton de Gardes.

HUNAUT.

Camarades, ne mettons-nous pas trop de zèle dans nos recherches? Nous pouvions, je crois, nous dispenser de venir ici.

OLIVIER.

Assurément, courir le risque de tomber dans quelque précipice.

HUNAUT.

Voilà bien cinq heures que nous courons les champs.

OLIVIER.

Sans avoir rien pu découvrir.

(*Il continue de faire des éclairs. On entend un coup de tonnerre éloigné.*)

AUNAUT.

Je vois un furieux orage qui se prépare là-haut ; reposons-nous, et buvons un coup.

OLIVIER.

Tu est toujours de bon conseil. (*ils s'asseyent et boivent.*) Nous l'avons échappé belle.

HUNAUT.

On nous a fait grace parce qu'on avait besoin de nous ; je ne suis pas dupe de cette clémence-là.

OLIVIER.

Il faut convenir que nous faisons un métier bien rude.

HUNAUT.

Et bien désagréable. Nous avons ordre de chercher Roland, de le saisir, ou de le tuer en cas de résistance ; nous obéirons.

OLIVIER.

Si nous le pouvons, c'est tout simple ; mais entre nous, c'est un terrible homme que ce Roland !

HUNAUT.

Oh, ce n'est pas ce qui m'inquiète.

OLIVIER.

Ni moi non plus.

HUNAUT.

Buvons. (*ils boivent.*) A présent, camarades, allons nous-en. (*il se lève.*)

OLIVIER.

C'est mon avis. (*tous les gardes se lèvent.*)

HUNAUT.

Nous avons parcouru toute les cavités de ces rochers.

OLIVIER.

Toutes sans exception. Allons-nous-en.

HUNAUT, *appercevant la grotte du fond, où est Liziard.*

Eh ! cette grotte nous ne l'avons pas visitée.

OLIVIER, *avec surprise.*

Cette grotte ! non, ma foi.

HUNAUT.

Il faut y faire perquisition.

OLIVIER.

Oui, sans doute. Cependant, peut-être serait-il dangereux d'y entrer sans précaution ?

HUNAUT.

Que veux-tu dire?

OLIVIER.

Cette grotte me paraît être le repaire de quelque bête féroce.

HUNAUT.

Il est facile de nous en assurer. Tirons quelques coup de feu dans son ouverture. S'il y a là-dedans des bêtes mal-faisantes, elles y recevront la mort.

OLIVIER.

Fort bien; mais si elles échappent à nos coups.

HUNAUT.

Si elles échappent, la peur les fera sortir, et nous les tuerons au passage. Venez, camarades, tirons tous à-la-fois. (*Ils avancent à petit pas, sans bruit, dirigent leurs carabines, et font une décharge dans la grotte. Des cris douloureux partent du fond.*) J'entends des cris lamentable. Ecoutons... C'est le cris d'un homme expirant.

OLIVIER.

O ciel! en voulant tuer une bête féroce, aurions-nous eu le malheur de tuer un homme!

HUNAUT.

Je le crains.

OLIVIER.

J'en serais fâché; mais si c'était un malfaiteur caché dans cette caverne. (*avec joie.*) Si c'était, par hasard, le prisonnier que nous cherchons!

HUNAUT.

Si c'était aussi l'un de nos gens, ou quelque voyageur entré là pour se mettre à l'abri de l'orage. Quelque soit cet homme, volons à son secours.

(*Les éclairs et le tonnerre redoublent; Hunaut et Olivier entrent dans la grotte, apportent le corps de Liziard, et le déposent sur une espèce de banc, ou de quartier de roc un peu élevé, et placé à côté de la grotte.*)

HUNAUT, *reconnaissant Liziard.*

Miséricorde! c'est Liziard que nous avons immolé!

OLIVIER.

Le favori de Milon! grand dieu! qu'avons nous fait?

HUNAUT, *à voix basse.*

Mes amis! nous sommes maîtres de notre secret.

OLIVIER.

On vient!

HUNAUT, *à voix basse.*

Taisons-nous, et dissimulons. (*ils vont avec les autres gardes, se ranger dans un coin du théâtre.*)

## SCENE X.

LES PRÉCÉDENS, DOLIN.

( *Dolin sonne du cors, Roland et Isaure paraissent.* )

DOLIN.

Seigneur ! et vous, madame, livrez vos cœurs à la joie ; vos malheurs sont finis !

ROLAND, *avec beaucoup d'étonnement.*

Puis-je croire ?

DOLIN.

Rainfroi est arrêté. Milon sait tout; que dis-je? il me suit, il vient lui-même réparer son erreur, proclamer votre innocence, et vous rendre toutes ses bontés !

## SCENE XI et DERNIERE.

LES PRÉCÉDENS, MILON, Suite.

MILON.

Respectable victime, mes bras vous sont ouverts; mais suis-je digne encore de vous presser sur mon cœur. (*Roland se jette dans ses bras.* )

MILON, *appercevant le corps de Liziard.*

Quel spectacle effrayant ! Liziard !

DOLIN, *regardant.*

L'horreur de la mort se peint sur son visage.

MILON.

Quelque soit l'évènement qui met un terme à ses forfaits ; reconnaissons et adorons la justice éternelle. Soldats, dérobez à mes yeux cet affreux spectacle. ( *on jette un manteau sur Liziard.* ) Qu'on cherche ses autres complices, et qu'un même châtiment les enveloppe tous.

ROLAND.

O seigneur ! à qui dois-je le retour de vos bontés ?

MILON.

Vous le devez à Falker, qui, presque parvenu à me démontrer votre innocence, me forçait de venir vous chercher moi-même en ce lieu. Vous le devez à Dolin, que nous avons rencontré, alors qu'il sommait Bolga de le suivre à mon palais, et qui a exigé de lui qu'il révélât publiquement, en ma présence, l'horrible tissu des crimes de Liziard.

ROLAND.

Amis aussi rares que généreux !... Brave Falker ! c'est

vous, je le vois, qui dirigiez la main bienfaisante qui me rendait hier le don si précieux de la liberté.

FALKER, *lui serrant la main.*

Oui, j'ai tout fait pour vous sauver, bien sûr que Milon me remercierait un jour de lui avoir conservé un guerrier tel que vous.

MILON.

Vertueux époux. Retournons au palais, et tenez moi lieu du fils que j'ai perdu. Ceux qui gouvernent sont bien à plaindre! l'illusion et le mensonge toujours les environnent; mais quand ils peuvent revenir d'une erreur funeste, et rendre à la vertu une justice éclatante, ce moment devient aussi le plus doux de leur vie.



FIN.

Médée n'a point été rendu par Longepierre, d'une maniere tolérable pour un Théâtre, où la vérité ſeule & la nature doivent régner. Je ne dirai rien du ſtyle, ni des vers de cette Piece, où l'on trouve quelques endroits heureux ; mais où il y a moins de vraies beautés que dans celle de Corneille.

Peut-être quelques-uns attribueront-ils ce que je viens de dire de la Médée de Longepierre, à la prévention ordinaire à un Auteur qui traite un ſujet déjà traité par un autre ; mais ſi l'on veut peſer mes raiſons, & lire la Piece dont il s'agit, on verra que j'ai dit naïvement la vérité, comme on doit le faire en matiere de Littérature. Il ne m'auroit point été difficile de ne point parler du tout de cette Piece ; mais ce mépris, qui auroit peut-être été une preuve de prudence & de politique, n'en eût pas été une de modeſtie.

Si j'ai choiſi le ſujet de Médée, ce n'a pas été pour lutter contre Longepierre ; mais pour eſſayer de donner une Tragédie ſans aucune complication d'intrigues, ſans coups de théâtre, ſans épiſodes, & fondée ſeulement ſur le développement des paſſions.

J'ai cru que le Perſonnage de Médée étoit un de ces caracteres qui avoient réellement la force tragique, & qui pouvoient ſoutenir ſeuls tout l'intérêt d'une Piece, ſans avoir recours à aucuns de ces petits incidens, ſi communs dans les Pieces modernes, par le moyen deſquels on fait des Scenes ; mais qui refroidiſſent & même étouffent l'intérêt principal.

Je n'ai point représenté Médée sorciere, suivant en cela l'exemple d'Euripide, plutôt que celui de Séneque & de ses imitateurs: mais je n'ai point pris le *Char volant*, qu'il faut renvoyer au Théâtre des machines. A l'exemple d'Euripide, j'ai encore retranché le personnage de Créüse, qui ne sert qu'à embarrasser l'action, & à rendre Jason petit, froid & méprisable. On se soucie bien peu des douceurs que ce Héros débite à cette jeune Princesse. Ce qui intéresse, ce sont les douleurs de Médée, ses plaintes, ses reproches, ses emportemens, sa dissimulation & ses vengeances.

Il est vrai que, pour rendre la marche de mon action plus rapide, je n'ai donné que trois Actes à ma Piéce. Je n'ai pas cru qu'elle en comportât davantage. Je ne m'autoriserai point en cela de l'exemple de Racine, qui n'a fait Esther qu'en trois Actes; mais voici des raisons qui pourront me justifier aux yeux de mes Censeurs.

Si Horace a dit, qu'une Piéce ne devoit avoir ni plus ni moins de cinq Actes, cela prouve que cette division étoit pratiquée par les Auteurs Latins; mais le silence d'Aristote sur ce sujet, prouve qu'elle étoit inconnue aux Grecs, chez qui l'action théâtrale n'étoit point interrompue, puisque le Chœur occupoit toujours la scene, & n'y laissoit aucun vuide. Ainsi donc une Piéce n'étoit qu'un seul & même Acte: cela est si vrai, que, quand on a voulu depuis marquer cette division des Actes, on a souvent été fort embarrassé; les uns finissant un Acte après telle scene; & d'autres après la suivante ou

www.ingramcontent.com/pod-product-compliance
Lightning Source LLC
LaVergne TN
LVHW052028170826
845678LV00018B/815